Picard

actualités

ACTUALITÉS

Mises en chanson

PAR

Z.-J. PIÉRART

Auteur de LA GRANDE ÉPOPÉE DE L'AN II,
du DRAME DE WATERLOO,
des BATAILLES DE LA MARNE
et autres Restitutions historiques

PARIS
CHEZ L'AUTEUR, 4, RUE PAGEVIN
1876

Z. J. Piérart

né à Dourlens, nord, le 15 mai 1818.

LA MISSION

DE LA

RACE CELTIQUE

CHANT DE RÉVEIL DU COQ GAULOIS

Sur l'air des *Tombeaux de Juillet*, de BÉRANGER
ou d'*Octavie*

EPIGRAPHE : L'homme s'agite et Dieu le mène. Les anciens l'avaient dit, Bossuet l'a répété.

Cela nous engage à considérer que les événements qui s'accomplissent dans le monde sont la conséquence de la marche logique des choses et des destinées assignées aux peuples comme aux hommes. C'est une causalité, mais elle n'est pas due à l'aveugle hasard : elle est toute providentielle.

Il est quelquefois donné à la politique et à l'astuce des hommes de retarder le cours des événements ; mais le résultat final n'en a pas moins lieu avec une force d'autant plus irrésistible que les entraves et les ajournements ont été longs et puissants. Cette loi est aussi une de celles du monde physique.

Chaque nation, donc, a sa destinée, et cette destinée est tout d'abord écrite dans le génie qui lui est propre. Elle est aussi la résultante de sa position sur le globe et dans le temps. Tôt ou tard elle doit forcément l'accomplir. Prenons pour exemple la France : son avenir se montre par son passé; il s'explique aussi par son présent. Il est visible que ce remarquable pays, flambeau de Dieu, quand il n'en est pas l'épée, est le missionnaire prédestiné du progrès social.

Mais, dit-on, c'en est fait : la France est perdue. Le jésuitisme la tient et lui verse son poison, tandis que le sabre féodal du Prussien s'apprête à lui donner le coup de grâce.

On se trompe.

Il est une loi indestructible de la nature qui veut qu'une plante ne meure qu'après avoir produit son fruit. Cette loi se retrouve dans la philosophie de l'histoire à l'égard des nations. Tout peuple, avons-nous dit, a sa raison d'être et sa mission sur la terre. Il ne peut périr sans l'avoir accomplie. Le fruit que doit produire la France est l'idée d'égalité et de justice sociale réalisée, idée qu'elle a plus particulièrement reçue en germe du créateur et qu'elle est appelée à propager dans le monde. Ce n'est qu'après que cette mission sera accomplie que l'heure de sa décadence pourra sonner.

Aussi, c'est pourquoi, gais, expansifs, vaillants, vigilants et féconds comme le coq, symbole de notre race, entonnons ce chant d'espérance et de ralliement :

REFRAIN.

Veillons, alerte, enfants de la Celtique,
Au chant du coq, debout, formons nos rangs;
De l'Aquitaine à la verte Belgique,
Marchons, chantons; périssent les tyrans.

Noble pays, foyer démocratique,
Rempart vivant de la fraternité,
Berceau sacré de l'équité civique,
Dieu te conduit, vive la Liberté!

Peuple vaillant, que de grandeurs épiques
Tu sus atteindre en des jours merveilleux;
Les opprimés, dans leurs moments critiques,
Vers toi, toujours, savent tourner les yeux.
  Veillons, etc.

Tout croupissait sous un droit tyrannique,
Des droits de l'homme, indestructible appui,
Tu t'es levé, généreux, énergique,
Brisant tes fers : Quatre-vingt-neuf a lui!

Les nations, à ton nom, sympathiques
Ont acclamé ta noble mission;
Trop confiant, des parjures cyniques
T'ont fourvoyé : quelle confusion!
  Veillons, etc.

Mais, cependant, des liens fatidiques,
Tu t'affranchis en des jours de réveil;
Puis, tout se meut, tes efforts héroïques
Marquent le temps d'un élan sans pareil!

Le froid Germain, machine hiérarchique,
Meurt et combat pour des rois, des seigneurs,
Il boit et pille, abaissement cynique,
La torche en main, promène ses horreurs.
  Veillons, etc.

D'affreux Français, renards oligarchiques,
De l'étranger préférant les succès,
En te guidant par des chemins obliques,
De tes remparts ont préparé l'accès.
  Veillons, etc.

Mais éclairé par les plaintes publiques,
Tu vois enfin qu'on sauve son pays
Avec des chefs en tout patriotiques,
Des droits du peuple absolument épris.
  Veillons, etc.

L'ultramontain, ténébreux, hyppocrite,
T'a subjugué par feinte et trahison,
Il t'abrutit, d'un Syllabus inique,
Veut te verser le dangereux poison.

Valets de cour, prêtres diaboliques,
Vils intrigants, corrompus, corrupteurs,
Fabricateurs d'eau sainte et de reliques,
Des spectres faux évoquant les horreurs,

Ont espéré, par leurs trames puniques,
Des lois du temps interrompre le cours :
Mais tu maudis leur plans pharisaïques
Et veux marcher libre, éclairé, toujours.
  Veillons, etc.

Ils ont juré d'éterniser du glaive
Le règne affreux, de mutiler les lois,
De tout corrompre, et sans cesse et sans trève,
Et du scrutin même étouffer la voix.

Peuple abusé, ton courroux énergique
Saura punir l'affreuse trahison.
Aussi, tremblez, faction jésuitique,
Le châtiment du crime est la rançon.
Veillons, etc

Tremblez, enfin, affidés germaniques,
Ulhans français, pandours ultramontains,
Toujours comptant sur les oublis civiques
Du peuple las les retours sont certains.
Veillons, etc.

Comme autrefois, ses efforts homériques
Renverseront vos sinistres projets;
Il marchera dans ses élans magiques,
Contre chevaux, remparts, fusils, boulets;

Puis il vaincra, comme aux jours historiques,
Et punira sans pardon, cette fois,
Jusqu'à ce que les abus despotiques
Soient remplacés par d'équitables lois.
Veillons, etc.

Peuple ombrageux, tes discordes publiques
Ont amorti ton élan, tes ardeurs :
L'heure a sonné, des chants évangéliques
Voici le jour, voici l'hymen des cœurs.

Platon, le Christ, rendus complets, pratiques,
Sont apparus, sortant de leur tombeau.
Siècle penseur, enfin tu les expliques;
Loi du progrès, la France est ton flambeau.
Veillons, etc.

Enfin le sphinx est satisfait : l'énigme des siècles est expliquée, le problème social est résolu. Sans troubles et sans violence essayons de le réaliser. Mais le Prus-

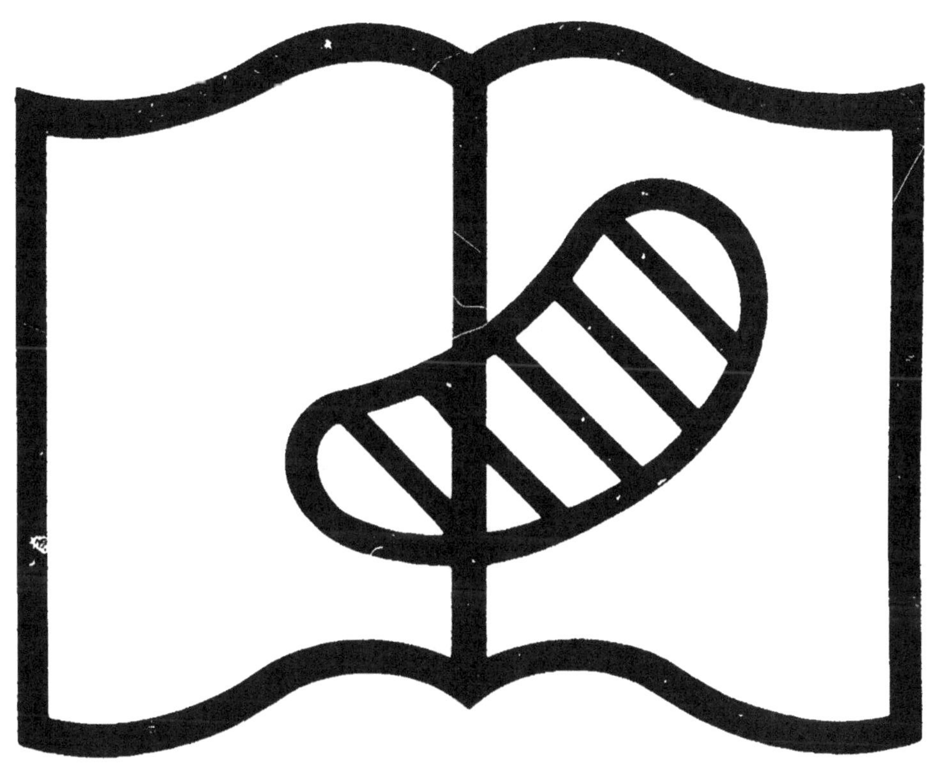

Original illisible

NF Z 43-120-10

sien peut revenir, c'est pourquoi, veillons, et, s'il le faut, Français, aux armes! Non-seulement le Prussien nous menace, mais l'Europe nous provoque. Les rois nous croient anéantis. Ils nous ont bannis du concert des puissances et vont décidant sans nous des questions qui nous intéressent par-dessus tout. Pauvre France meurtrie, ils te ravissent ta juste part d'influence et de richesses dans le réglement du monde. Ils te veulent petite et avilie, toi dont la force et l'indépendance sont si nécessaires à l'équilibre des États.

Veillons, etc.

L'Anglais perfide, oublieux, mercantile,
Se rit de toi, peuple expansif et preux,
Exploitant l'Inde, à l'abri dans son île,
Il va raillant ton esprit généreux.

Au nord, à l'est, l'aigle avide et rapace
Va dépouillant Turcs, Danois, Polonais;
Du sol gaulois il rétrécit l'espace,
Tremblant encore au seul nom de Français.
Veillons, etc.

Ces ravisseurs, triomphateurs sans gloire,
Ont oublié qu'il est des faits plus sûrs
Que de séduire, acheter la victoire,
Et des cités se faire ouvrir les murs.

France, au canon tu dus aussi l'empire,
Mais préféras à de trompeurs lauriers
Ceux du travail, du burin, de la lyre :
Pour le progrès tu produis des guerriers.
Veillons, etc.

Les nations sont pour toi, noble France,
Tu les conquis par l'esprit et le cœur;
Fais retentir le cri de délivrance,
Tous s'uniront sous ton drapeau vengeur.

Levons-nous tous pour le droit, la justice,
Peuples, à nous, nos griefs sont communs;
Du monde entier, chassons l'erreur, le vice.
Du vrai Sauveur, nous sommes les tribuns.
Veillons, etc.

Vils empereurs, rois machiavéliques,
Nous ont brouillés et mis le fer aux mains;
Mais, désormais, les luttes pacifiques
Enfanteront de plus doux lendemains.

Allons, fondons la vaste République,
Qu'attend le monde en ces jours douloureux.
Fédérons-nous, qu'une alliance unique
Nous donne enfin des destins plus heureux.

Veillons, alerte, enfants de la Celtique,
Au chant du coq, debout, formons nos rangs;
De l'Aquitaine à la verte Belgique,
Marchons, chantons, périssent les tyrans.

VIVENT LES ÉTATS-UNIS D'EUROPE!

Novembre 1875.

Z.-J. PIÉRART.

La France reposant dans les bienfaits de la paix après avoir porté aux peuples
LA LIBERTÉ, L'ÉGALITÉ et LA FRATERNITÉ.

LE

BAUDET BONAPARTEUX

ACTUALITÉ

A L'ADRESSE DES ÉLECTEURS

DU CALVADOS, DU MORBIHAN, DE LA CHARENTE-INFÉRIEURE, DU PAS-DE-CALAIS

et autres dindons plébis-citrouilles de France et de Navarre

Paroles, musique et dessins de l'auteur du *Chant de réveil du coq gaulois.*

REFRAIN

Jour de Dieu c'est-il donc possible
Qu'en un pays de gens futés,
On trouve encor, c'est trop risible,
Tant d'ignorants et d'entêtés,

Des villageois, rêvant d'ancien régime,
Ont oublié que seigneurs et curés,
Par la corvée, et la taille et la dîme,
Nous ont jadis bel et bien pressurés.
Jour de Dieu, etc.

Princes et rois, suivis de valetailles,
Par leur désordre ont ruiné le pays;
En ne cherchant que troubles, que batailles,
Tout ce qui peut amener du gâchis.
Jour de Dieu, etc.

A nos bêtas il faut encor des maîtres,
Il faut toujours une chaîne à leur cou,
Le joug des rois, des renards et des prêtres
Leur va si bien! c'est à vous rendre fou.
Jour de Dieu, etc.

Ils revoudraient le régime du sabre,
Disant qu'alors toute affaire allait bien,
Mais qu'aujourd'hui, chez nous, tout se délabre,
Tant et si fort qu'on ne gagne plus rien.
Jour de Dieu, etc.

En ce temps là, bonnes gens, les affaires
Chez l'étranger non plus n'allaient pas mal.
C'était le cours des choses ordinaires,
Non le bienfait d'un despote immoral.
Jour de Dieu, etc.

On a vécu largement, sans prudence,
Puis sont venus ces pillards de Prussiens,
Et l'on se plaint de n'avoir plus d'aisance,
Forcé qu'on est d'engager tous ses biens.
Jour de Dieu, etc.

A qui la faute, électeur imbécile,
Toujours votant pour d'infâmes grugeurs,
Frappant ton nez de ta main malhabile,
Courant toujours après des empereurs.
Jour de Dieu, etc.

En Février, des citoyens sublimes
Ont combattu pour te faire électeur :
De leur espoir ils ont été victimes,
Et contre eux tous tu votas sans pudeur.
Jour de Dieu, etc.

Tu crois toujours qu'il faut un chef, un homme
Pour te sauver, tes dettes acquitter ;
Il se remplume avec sa bande, en somme :
Grands frais en plus, sénateurs à doter.
Jour de Dieu, etc.

Un empereur, cela doit tout produire :
Argent, or dur, citrouilles, champignons,
Grands cornichons, des carottes qu'on tire,
Brioche aussi, choux gras, petits oignons.
Jour de Dieu, etc.

Fins ortolans, alouettes roties
Tombant du ciel, et qu'on peut ramasser ;
Cailles de cour, oies et dindes farcies,
Canards de Bourse, à prendre ou à laisser.
Jour de Dieu, etc.

Force animaux, oiseaux de toutes races,
Loups dévorants, chats voleurs, blancs coucous,
Taupes, hiboux, corbeaux, aigles rapaces,
Renards, pourceaux, andouilles, puces, poux.
Jour de Dieu, etc.

Pour tout nourrir, il faut que tu te prives,
Suant d'ahan, travaillant nuit et jour,
T'abrutissant sans autres perspectives,
Que d'engraisser ces animaux de cour.
Jour de Dieu, etc.

Et puis après, les affaires publiques
Iront quand même en souffrant forcément :
Nouveaux emprunts, des Sedans, des Mexiques,
Failly, Bazaine et tout le tremblement.
Jour de Dieu, etc.

Tu vas gobant cette fameuse bourde,
Qu'il faut des grands pour servir les petits.
Gras députés, dans ta raison trop lourde,
Sont à choisir, ayant moins d'appétits.
Jour de Dieu, etc.

C'est toi surtout qui produis la richesse ;
Tu crois pourtant ne pouvoir exister
Sans des oisifs étalant leur paresse,
Dont le travail consiste à t'exploiter.
Jour de Dieu, etc.

Cœurs généreux, proscrits remplis de peine,
Apprenez-donc qu'il y a des baudets
Disant : qu'il faut aux pauvres, dans leur gêne,
Pour défenseurs, ceux qui les ont grugés.
Jour de Dien, etc.

Tu vas chargeant la pauvre République
Des lourds péchés de tes Napoléons,
Lui reprochant la détresse publique,
Et le fardeau des contributions.
Jour de Dieu, etc.

Mais de qui donc vient cet état critique?
Il vient de toi, non des républicains :
Tes députés, par un calcul inique
De s'épargner ont pris tous les moyens,
Jour de Dieu, etc.

Ils ont honni l'impôt si populaire
Qu'on proposait sur tous les revenus ;
Mais sur ton pain, ton travail, au contraire,
Ils vont mettant des impôts continus.
Jour de Dieu, etc.

Mais montrez donc ces choses bien visibles
A des nigauds dépourvus de raison :
Ils répondront, obstinés, inflexibles,
Par ces propos, proférés sans façon.
Jour de Dieu, etc.

« Moi j'ons voté pour monsieur Plébiscite,
Mais pourquoi donc qu'on s'en est dégoûté ?
Il n'avait point pourtant la tête cuite,
Ah ! quel malheur qn'on n' l'ait pas écouté !
Jour de Dieu, etc.

« En écoutant ce fameux politique,
Nous allions vite et tout droit à Berlin ;
Mais l'parti rouge avec sa République
Nous a trahis et vendus, c'est certain.
Jour de Dieu, etc.

« Mais qu'est-ce donc qu'on parle d'République,
C'est ben trop d'chefs, ben trop d'maîtres, ma foi !
Nous, nous n'avons, à Fouilly-la-Bourrique,
Qu'un seul curé : donc il ne faut qu'un roi.
Jour de Dicu, etc.

« Ils d'mandions tous liberté pour la Presse,
C'te liberté, cependant, nous l'avons :
Quand j'fais mon cidre ou mon vin pièce à pièce,
Fort librement de ma press' je m'servons.
Jour de Dieu, etc.

« Tous ces faignants, ça n'cherch' que plaie et bosse :
N'vouliont-ils pas s'partager tous nos biens.
Puis sans rien faire, aller roulant carrosse,
Et ribotter, vivant comme des chiens.
Jour de Dieu, etc.

« Ces partageux ce n'est que d'la vermine !
En quarant'huit ils teniont le scrutin,
Pour des guerions, Marle et Lamartine
Les deux cateaux de ce Ledru-Rollin.
Jour de Dieu, etc.

« Ce que je dis n'est nullement un conte,
Je l'tenons d'la servante au curé,
Et du cocher de chez monsieur le comte,
Qui l'savont ben, j'en suis sûr, assuré. »
Jour de Dieu, etc.

Voilà comment parlent encor en France,
Force dindons prêchés par des renards.
Vrais animaux privés de clairvoyance,
Toujours conduits aux mêmes traquenards.
Jour de Dieu, etc.

L'Empire a fait un monceau de ruines,
Pourtant c'est lui toujours le préféré :
Au fond du gouffre ouvert par ses rapines,
Jetons le peu qui nous est demeuré.
Jour de Dieu, etc.

Meurs, pauvre France, et de faim et de honte.
Dans le jésuite et le Napoléon,
Jusqu'à la lie épuise le mécompte,
Et deviens âne, ô toi qui fus lion !
Jour de Dieu, etc.

Ainsi le veut ce troupeau d'imbéciles,
Toujours funeste à ton noble destin,
Sourd aux conseils, prévoyants mais stériles,
Des bons esprits montrant le vrai chemin.
Jour de Dieu, etc.

Z.-J. PIÉRART.

Prix des deux chansons : 50 centimes. Avec la musique et les caricatures du Baudet Bonapartseux, format in-4°, prix 1 fr., et par la poste, 1 fr. 50.

Paris. — Imp. Moderne (Barthier, d'), rue J.-J.-Rousseau, 61.

www.ingramcontent.com/pod-product-compliance
Lightning Source LLC
LaVergne TN
LVHW020501230826
846091LV00008BA/3308

* 9 7 8 2 0 1 6 1 2 4 4 1 3 *